# দোয়াতেরা লুপ্ত হয়ে গেছে

# দোয়াতেরা লুপ্ত হয়ে গেছে

রণদেব দাশগুপ্ত

The Poetry Society of India
Gurgaon - 122 002 (Haryana)

The Poetry Society of India
Gurgaon - 122 002 (Haryana)
www.thepoetrysocietyofindia.com

প্রথম সংস্করণ: ফেব্রুয়ারি, ২০১৪

দ্বিতীয় সংস্করণ: এপ্রিল, ২০১৪

প্রচ্ছদ: তমোজিৎ ভট্টাচার্য্য

মূল্য: ৭০/- টাকা (Rs. Seventy only)

প্রকাশক: The Poetry Society of India, Gurgaon

ISBN: 9789383888030

আমার স্ত্রী মহুয়া-কে

আমার সকল উচ্চারণগুচ্ছ যার কাছে ঋণী থেকে যায়...

দোয়াতেরা লুপ্ত হয়ে গেছে

# বাতাস বয়ে যাওয়ার মতন

জীবন অনন্ত। কবি ভিক্ষুক। তাঁর ভিক্ষাপাত্র পূর্ণ হওয়ার আগেই আয়ুষ্কাল ফুরিয়ে যায় প্রতিবার। এই অনুভূতি থেকে উঠে আসে যে জ্ঞান, তা কবিতাকে দেয় প্রার্থনার ভাষা...অশ্রুপাতের নৈঃশব্দ্য...। তাৎক্ষণিক দেনা পাওনার সংসারে ইদানীং সেজে থাকা কবিদের ঝলমলে উপস্থিতি। প্রকৃত কবি সাড়ম্বরে নিজেকে জানান দেবে কি করে? নিজেকে নির্জন করাই তাঁর সাধনা। রণদেব দাশগুপ্ত একজন অন্তরালের কবি। দূর থেকে, আড়াল থেকে লক্ষ্য করেন বলেই তাঁর কবিতায় জগৎ ও জীবন দার্শনিক দৃষ্টি-বিজড়িত। ভালোবাসায় তাঁর গভীর বিশ্বাস। নিয়তির সঙ্গে তাঁর আজন্ম তর্ক। একটি কবিতায় লিখেছেন: "...আদরের নীলপাখি পুরোনো আকাশে উড়ে গেলে পালকের কথা পড়ে থাকে। বৈঠা হও, নৌকা হও, জল হও, হাওয়া হও; অথচ কোথাও যাওয়া নেই।" বুকটা দৈবব্যথায় টনটন করে। সামান্য আয়ুর নীলপাখি ব্যথাতেই চিরস্মরণীয়। আর কোনও উদ্ধার নেই। কবি বলছেন, "সীমা ভাঙে — আহুতি ভাঙে না।" বোধের ভিতরে যজ্ঞের আগুন জেগে। সমৃদ্ধ অবচেতনই এমন পঙক্তির জন্ম দিতে সক্ষম। "...জলের শুকনো দাগ, মাটির বাদামি স্তন, ঝরে যাওয়া রাত ও পাহারা — এই সবকিছু সংখ্যা মুছে যাওয়া এক আধভাঙা স্কেল।" যেন বাতাস বয়ে

গেছে ক্ষতচিহ্ন, মাতৃপ্রতিমা, যাপনচিত্রের ধুলোবালি উড়িয়ে।রণদেবের 'দোয়াতেরা লুপ্ত হয়ে গেছে' কাব্যগ্রন্থের পাণ্ডুলিপি পড়তে পড়তে নানান ধূলিঝড় প্রত্যক্ষ করেছি। বাতাস বয়ে যাওয়ার মতনই তাঁর কাব্যভাষা। আত্ম-আবিষ্কারের দহনপর্ব পাঠককেও তাপ দেয়। সাম্প্রতিক বাংলা কবিতায় এই উত্তাপ জরুরি। আরও জরুরি রণদেবের মতো প্রচারবিমুখ, আত্মমগ্ন কবিদের অস্তিত্ব সম্পর্কে আমাদের সচেতন থাকা। মঞ্চে মঞ্চে এই কবিরা অনুপস্থিত। নিজস্ব স্বভাবে তাঁরা একা।

"প্রণাম একাই থাকে — প্রেমের মতন।" - রণদেবেরই একটি কবিতাংশ।

বিশ্বাস দৃঢ় হয় — জীবন অনন্ত, কবিতা অন্তহীন...

নিবেদক,

বিভাস রায়চৌধুরী
২২শে জানুয়ারি, ২০১৪

পথ চিনে
অনেকেই এসেছে এখানে
তৃষ্ণার জলের শান্তি পাবে বলে
ঘুরে গেছে বৈশাখী বাতাস

তোমার জন্য তোলা রইল
গরম ভাত আর পোস্তবাটার
ভুলে যাওয়া ঘ্রাণ

ফেরো, না ফেরো
তোমার জন্যই এইসব...

~ দোয়াতেরা লুপ্ত হয়ে গেছে

# কাগজের নৌকা, কলমের বৈঠা

## পায়ে পায়ে

বাঁধা পড়ে গেছি হে সুদূর। আর্দ্র যত দৈববাণী শিকড়ে প্রোথিত অবিশ্বাস। সেজবাতি জ্বেলে কবি শেষবার বসেছিল কতদিন আগে! চলন্ত মেঘের সাথে চাঁদ সরে যায় - এইরূপ মনে হতে থাকে। দূর দূর কুয়াশা ঘনায় সেইসব পাহাড়ের পাদদেশে যারা আজ ভুলে গেছে সমুদ্রতলের উপকথা। চক্ষুভুক নারী জানে সমগ্র পুরুষ ও রচনাবলীর অনিবার্য নষ্ট হয়ে যাওয়া।

গত ঋতুটির নাম আমিও লিখিনি ইতিহাসে। সান্ধ্য মানুষের ভিড়ে এই যে গহন ব্রতকথা, এই যে নীলাভ সুতোগুলি - এর কোনো সনেট হবে না। আমাদের ব্যাকরণে আর কোনো সন্ধি লেখা নেই, একমাত্র বার্ষিক কৃতাঞ্জলি ছাড়া। ব্যক্তিগত সীমান্তের মানেই কি শুধু কাঁটাতার? সেখানেও ভূমি তার অটুট বাসনা পেতে রাখে। এ সকল যদি বোঝো ইন্দ্রিয়ের দুয়ারে দুয়ারে - তবে এই ভিক্ষাবৃত্তি আজ শুধু করতলে পুরোনো স্বভাব। সেই কবেকার কোন্ গোপন জ্বরের ঘোরে বসে আছি শুশ্রূষার বালিকানয়নে। কাম ও করুণা নিয়ে পিশাচ ঘড়িটি জাগে নিদ্রাহীন বারান্দার পর্যাবৃত্ত গানে। কহতব্য ছিল যদি তবে কেন বলোনি পাথরে? তবে কেন লিখেছিলে তারিখের অবিশ্রান্ত গর্ভপাতগুলি, হে সারথি? আজ জানি, এ বাঁধন একই সাথে তুমি আর আমিও তো বটে...যতদিন বৃষ্টি বৃষ্টি দিন না ডাকছে অনন্ত কুহকে।

## সম্পাদ্য

নির্ভুল কম্পাসে আঁকি একটি নিটোল বৃত্ত। তাকে স্পর্শ করা মাত্র আমার গন্তব্য ঋজুরেখায় স্থির হয়ে গেল। এরকমই যদি হয় তবে মানুষেরা কেন বারে বারে কাদামাখে পায়ে অতিক্রম করে নৈশ রাজপথ? তুমি তো দেখেছো , ইস্কুল ছুটি হয়ে গেছে আর দিদিমণি খুলে নিচ্ছে রঙিন ছাতাটি। তার ফুলছাপে, লতায় ও আল্পনার স্রোতে ভেসে যাচ্ছে সমগ্র গণিত। ব্ল্যাকবোর্ড ভেঙে যায় , সাদা খাতা ভরে ওঠে পেনসিল আর ইরেজারের অভ্যাসচিহ্নে। এতকিছু বুঝে বুঝে আমার হৃদয় এখন লিখছে একটা আস্ত জ্যামিতি বই। ইউক্লিড অস্ত গেছে চাঁদের মতন চুপিসাড়ে। পৃথিবীতে পাগলেরা ছাড়া আর কেউ সম্পাদ্য বোঝেনি। তার মানে, এই যে পুরোনো গাছতলা - এইখানে একদিন আকৃতিরা ছিল। জলের শুকনো দাগ, মাটির বাদামি স্তন, ঝরে যাওয়া রাত ও পাহারা - এই সবকিছু সংখ্যা মুছে যাওয়া এক আধভাঙা স্কেল।দৃশ্যাবলী সম্পাদিত হ'লে আমাকেও পরিধিরা ডাকে, এই জানি।

## ঠোঁট যদি

এই তো সমস্যা দেখা দিল, এই শিরোনাম দেখে ভাবি। এইবারে চুমুটির কথা না লিখলেই অসাংবিধানিক। ঠোঁটের তো আর কোনো কাজ নেই, থাকতেই পারে না। সে তো আর অভিমানে মুচড়ে ওঠে না। কক্ষনো বেঁকে যায় না তাচ্ছিল্যরেখায়। মূকেরাও ঠোঁট নাড়ে অদম্য বাসনা রেখে মনে। আর যারা কথা বলে তাদের তো ঠোঁটই নড়ে না। এই অবধি পড়ানোর পরে ঠোঁট টিপে হাসলে তুমি - হয়তো বা সেও ভুল দেখা। কোথাও একটি পাখি ঠোঁটে করে খড় নিয়ে সহসা উড়ানে। এইবারে যত চুপ, যত শব্দ সব মিশে যাবে। ঠোঁট জুড়ে বন্যা আসছে, নাকি অন্ধ বন্যতার স্বাদ। মানুষেরা একে জানি তৎসমে চুম্বন ডেকেছে। আমি তার ছবি লিখে রাখি, বাকিগুলো ভেঙে দিও - ইচ্ছামতো, সকালে সন্ধ্যায়।

## উৎসর্গপত্র

তোমাকে দিলাম বা করকমলে বা পুণ্যস্মৃতি এসব তো সকলেই জানে। পাতা উড়ে গেলে গন্ধ আসে ঋতুবদলের - অনিবার্য এ কথা বলছি না। বুকে ধরা আবেগ ও স্তবকবিন্যাস ক্রমশঃ ধূসর আর বিবর্ণ হলুদ হয়ে ওঠে। সংখ্যার বৃদ্ধি হয়, শেষ হয়ে আসে চিহ্নদল। ভূমিকায় লেখা ছিল কি এবং কেন - তার মানে উপসংহারেও কিভাবে কোথায় শোনা যাবে। প্রচ্ছদের রঙ বা বেরঙ মুছে গেলে উপহার মনেই থাকে না। যেভাবে প্রান্তর বাঁধে চোখের সীমানা সেরকম স্পর্ধা কোথায়? অগণ্য গ্রন্থন চলে উপবীতে এবং উদাসে। চন্ডাল দুপুরে এসে ধ্বংস ডাকে শোধ ও শোণিত। ওই দ্যাখো, প্রয়োজনহীন দিন কাটে প্রসবের নির্বিঘ্ন উদাসে। পাতা কাটে, পাতা ফাটে; যন্ত্রণারা ঘুম ভেঙে ওঠে। প্রণাম একাই থাকে - প্রেমের মতন, উৎসর্গপত্র ঝরে যায়।

# পৌষালি কথা

যতই সবুজ শীর্ষে চেয়ে দেখি, ঝকঝকে রোদ জেগে উঠতে থাকে ক্রমাগত। শীত হাওয়াহাত বাড়িয়ে দিলে বুঝতে পারি - আমার সমস্ত উদাসকথা বয়ে এনেছে সে। টুপ্ জল এইমাত্র ফসলে রেখেছে চাষবাস। এ সময়ে নিজেকেও খুঁড়ে দেখি - ছিঁড়ে দেখি। কোপাতে কোপাতে কত গুপ্তধন - ফেলে আসা প্রতিমা ও পূজা। স্তিমিত ঘুমের পাশে শিরশির্ বেদনার মতো আঁচড় গেঁথেছি নখে - হিংস্রতায় নয় তবু, অসহায় পীড়নের দায়ে। শীত বসে মেঠো আলপথে, শীত বসে ফুটপাথে ফুটন্ত কেটলির ধোঁয়া শুঁকে। গ্রাম ও শহর নয়, দু-রকম মানুষ তো সবখানে আছে - সকল বিশেষ্য বিশেষণে। অথচ কি বোবা শান্তি, অথচ কি নিস্তব্ধ প্রসার। পাতার নড়াটি নেই, গাছেরাও চিন্তাশীল - অচল স্থাপনে নিষ্ঠাবান। সকলের উজ্জ্বল আনুক এই ঋতু, এই আশীর্বাদ লিখে রাখি প্রামাণ্য প্রভাতে। এত বছরের শেষে বোঝা গেল - সকল স্মৃতির মুখে শীত জমে থাকে। রোদ গলে উঠোনের বুকের গারদে -দিন ঝরে জানালার পাশে। কিছুকাল পরে, বার্ষিকগতির চিহ্ন লিখে রাখব পুনর্জন্ম ভেবে।

## ক, খ, গ

এগুলো আসলে কোনো উচ্চারণ নয়। বিধিসম্মত যত পদাবলী ভেঙেছি আঙুলে পথে পথে, তার কোনো প্রণয় থাকে না। গুমনাম ধূসর শিকড় আরো নীচে নেমে গাঢ়তর অন্ধকার খোঁজে। আদরের নীলপাখি পুরোনো আকাশে উড়ে গেলে পালকের কথা পড়ে থাকে। বৈঠা হও, নৌকা হও, জল হও, হাওয়া হও; অথচ কোথাও যাওয়া নেই।ঘুণ মানে অবিরাম নষ্টকথা নয়, তাদেরও তো কার্যক্রম উপমার রূপ পেতে থাকে। পর্দা দুলছে মানে কে ঢুকেছে কে বেরিয়ে গেছে - এইমাত্র, এসব ভাবি না। ভারহীন যতকিছু, নিঃশব্দ বাতাসেও আন্দোলিত হয়। সীমা ভাঙে - আহুতি ভাঙে না।

## সুইচ

অন করলেই কিছু বদলে যায়। অফ্ করলেও। এ ধাঁধাটা বুঝতে পারলে আপনার অনেক সমস্যা মিটে যাবে। প্রবল হাওয়ার মুখে কমবার তো বেসামাল হ'ন নি। তা ছাড়া, ভেবে দেখুন - অনিচ্ছাকৃত পিছলে গেছেন কতবার। কতবার চোখকে খামোখা বকাঝকা করেছেন আর কানকে লাল করেছেন গোপনে। না না, ভয় নেই; ওসব গুহ্য কথা - পাঁচকান করছি না। তবে কিনা, এটা তো ঠিক যে আপনার বাধ্যতামূলক ভয়গুলো আপনাকে তিষ্ঠোতে দেয়নি। তারপরে ধরুন,চিন্তা আর দুশ্চিন্তার মাঝে ঝুলে থেকেছেন বছরে সাড়ে তিনশো দিন। আনমনে জিভ কামড়ে ফেলেছেন এবং চেঁচিয়ে উঠতে গিয়েও গিলে ফেলেছেন কান্না। প্রতিবার ভাবছেন এবারে একটা ম্যাজিক হবেই - বদলে যাবে, ঠিক বদলে যাবে। বেকুব মশাই,স্রেফ বেকুব বনেই থাকবেন। এখনো সময় আছে। সুইচের কাজকর্ম ঠিকঠাক বুঝে নিন। তারপর আঙুল রাখুন...সুইচে...

## গতকাল

সমস্ত গতকালগুলো কখনো সশস্ত্র ঘিরে ফেলে। যে নারীটি হেসেছিল তার হিংস্র চোখ, যে বন্ধু ডেকেছিল ফুল তার স্থির অবিশ্বাস – এই সব কিছু গতকালে আছে। আজ-কে চিনি না; তার দুই হাতে অপ্রসন্ন আগুনের মতো রক্ত মাখা শুধু। আমাকে বল্লম দাও – ফুঁড়ে ফেলব মেঘ ও বলাকা। আর যদি তরবারি ধরি, সূর্যাস্ত প্রতিদিন সলজ্জ নদীতে ভেসে যাবে। পলে পলে মনে হয় এই খরা, এই ধ্বংস, এই বন্যা, এই নিরাশ্রয়, ক্রমাগত ছুঁয়ে যাওয়া নির্নিমেষ অভিশাপ আমাকে অপেক্ষা দিয়েছিল। অন্ধকার বৃত্তে বৃত্তে জ্যামিতি ভেঙেছি আমি – এমন কি পৃথিবীর সর্বসহ মাটির অতীত।

আমার হত্যা নিয়ে দাঁড়িয়ে রয়েছি, গতকাল সম্মুখে আসুক।

# লিফট্

আমি কাউকে লিফট্ দিতে পারি না। আমার গাড়ি নেই। আমি কখনো লিফট্ নিতেও পারিনি। আমার হাত ওঠেনি, মুখ ফোটেনি। আমি লিফটে চড়তে পারিনা। আমার মাথায় ও পেটে নানান অস্বস্তি হয়। এটা একটা অসুখ - বেশ একটা গালভরা ইংরাজি নাম আছে, জানি আমি। আমাকে হাঁটতে হয়, সিঁড়ি ভাঙতে হয়। আর, সকলের হাসাহাসিও শুনতে হয়। তাও হাঁটি, রাস্তা খারাপ হলেও। ডাইনে, বাঁয়ে, ওপরে, নীচে সব দেখতে দেখতে - রোদ মেঘ আকাশ মাটি বৃষ্টি কুয়াশা শীত ও সন্তান সবকিছু বুকে জড়িয়ে। সিঁড়ি বেয়ে উঠি - ক্রমাগত উচ্চতার গন্ধ পাই, উচ্চতায় ছবি বদলে যায় - বুঝতে পারি। ধাপে ধাপে নেমে এলে একরকম ঘরে ফেরার স্বাদ হয় - চেনা পথ দিয়ে ঘরে ফেরার মতো। পায়ে পথ জড়িয়ে থাকে, আঙুলে জড়িয়ে থাকে বাতাস। আমার সকল দিক মুক্ত থাক্। আমার ইচ্ছায় খোলা থাক্ আমার ওঠানামার বিস্তৃত পাঁচালি। হয়ত প্রাচীনপন্থী, হয়ত বা অবসোলেট ভাবনার শিকার। তবু, লিফট্ শব্দটিকে আমার ব্যক্তিগত রাশিমালা থেকে আমি দূরত্বেই রাখি। কেননা, তুমি তো জানো - রাস্তা আর স্বপ্ন অফুরান।

# গিমিক

এই তো, ঝুম্ ঝুম্ শব্দে ফুটে উঠছে নাচের ইস্কুল।গলির বাতাসে রংচটা দেওয়ালে ধাক্কা খাচ্ছে তবলার বোল। ঘূর্ণির মতো ঘুরছে, উঠছে পড়ছে ঢেউয়ের মতন। সন্ধের এইসব প্রাপ্য ছিল কিনা তাই ভাবি। অনেক অনেক বাচ্চা মেয়ে আর লাজুকবালিকা আর গোলাপকিশোরীর দল লঘু পায়ের তালে তালে মেলে দিচ্ছে কখনো মেঘ আর কখনো রোদের অনন্ত সামিয়ানা।কবিদের কলমের কালি শেষ হয়ে গেলে যে ছন্দেরা বাকি থাকে তারা সব নাচের ইস্কুলে চলে গেছে। পৃথিবীর সব দুঃখ ধ্বংস হয়ে গেলে এরকম ছন্দ ভেসে যায় - যেমন রাত্রির নদী বেয়ে যায় দূরাগত নৌকার বাতি। রাজপথ মধ্যরাতে শূন্য হয়ে গেলে আমি সেই গলিটিকে ভাবি। যেখানে গিমিক নয়, ঈশ্বরীর পদছন্দ ছড়িয়ে রয়েছে।

## নামভূমিকা

অন্তরঙ্গ হ'তে চাওয়া অন্যায় কোথায়? যদি কিছু দৃশ্য আসে, যদি মন কথা বলে ওঠে এই ভেবে সকলেই যাত্রা শুরু করে। তখনো তো বিশুদ্ধ সকাল ছিল, নিমছায়ার দুপুর, কবাডির বিকাল আর ছমছমে সন্ধে ছিল সাঁঝবাতি তুলসীমঞ্চ ঘিরে। এখনো প্রবীণ বৃক্ষে অরণ্যের গন্ধ লেগে আছে। সেই মর্মে অক্ষরসমূহ কতকাল আগে কলম চিনেছে। ফলন্ত খেতের মাঝে রোদ এসে ভালোবাসা আর বিরহ রেখে গেছে কতবার - কত পূর্ণ, কত নিঃস্বতায়। তরুণ পথের পাশে যত দীর্ঘ কামনারা ছিল - করতলে রেখে তাদের দেখেছি অনলস। তীব্র স্বাদে চারিদিকে শব্দ ছিল - মানে বাক্য ছিল, মনে আছে? অঘোর নিদ্রার মতো শান্ত পদাবলী কাগজের মুখে লেখা ছিল। সরস্বতী তোমার ও খাগের কলম এখন আর আমাকে দিও না। বাক্ যদি স্তব্ধ হয়, চেতনা একাই পথ খোঁজে। আমারও ঠিকানা চাই, অস্ত্র চাই, নবতর অগ্নিশিখা চাই। তোমাদের সাথে যাব বন্ধুগণ। একটু সময় চাই। তোমরা তো জানো - নষ্টরাত্রে দোয়াতেরা লুপ্ত হয়ে গেছে।

## সীমান্তকথা

সব চলার শেষদিকে একটা বিশাল প্রান্তর থাকে। সেখানে কোনো দিগন্ত বা বিদ্যুতের কথা লেখা নেই। এমন কি জোছনা বা গোধূলি এসবও সেখানে দিবাস্বপ্ন।তবু এখানে এসে দাঁড়িয়ে আছি। আমার পিছনে অসংখ্য ধন্যবাদ আর সামনে একটা অভিনন্দনমূলক সীমান্ত। অথচ আমার পকেটে একটাও রঙিন কাচ বা ঘষা পয়সা নেই। আমার চুলে আশির্বাদী ধান, আমার ঠোঁটে আঘাতের নোনা রক্ত, আমার পায়ে - না না, ধুলো নয়, একরাশ স্বরলিপি আছে। এইটুকু মনে রেখে আমি চিৎকার করে বলি - ফাঁকাই থাকবে যদি তবে এই আকাশটি কেন সাথে এলো? উত্তরে শঙ্খ বাজে, সীমান্তের উলুধ্বনি শুনি। আমি আমার শ্রুতি খুলে নিয়ে ছুঁড়ে দিই দর্শনী হিসাবে। আমার দৃষ্টি আমি ফেলে দিই বাসনার ক্লান্ত ঝুড়িটিতে। আর কোনো ডাক আমি বুকে রাখব না। একটি সলতের মতো জ্বলতে জ্বলতে আমি সীমান্তের ভগ্নবৃত্তান্ত লিপিবদ্ধ করি। না-ফোটা কুসুমগুলি গালে হাত দিয়ে ভাবে - একেও কি পথিক বলিব?

## দিলওয়ালে

চৌহদ্দি ছাড়ালেই নানারকম অচেনা রোশনাই। অফুরন্ত চাবুক ও দাগ। গলন্ত শরীর এবং পায়রাচোখের ইকিড়মিকিড় ইশারা। মাকড়সার জালে বাঁধা শিশির ও ভোরবেলা এইখানে অচল কাহিনি। সময় বিগড়ে গেলে সবকিছু মনখারাপের কাপে ধোঁয়া ধোঁয়া লাগে। একলা সিঁথির আল সিঁদুরেমেঘের কথা ভাবে। সবুজ শস্যের দানা অণু অণু লিখে রাখে গড়ানো কবিতা। সমস্ত রোদ্দুর নেভে গন্ধহীন পুষ্পের ভিতরে। ইড়া ও পিঙ্গলা জুড়ে বিষ ঢেলে দিয়েছিল অগাধ পুরাণ। বর্ণহীন স্মৃতি জানে অগণ্য নক্ষত্র মরে একটিই ভালোবাসা আসে।তরঙ্গ সিলুয়েট হয়, মেঘমালা ফ্রিজ হয়ে ঠোঁটে লেগে থাকে। হলুদ বসন্তপাখি এভাবে অবাক ডানা নেড়ে চোখে চোখে ঝাপটা দিয়ে যামিনী নামালো। এখনো আগুন লাগে, অবিমিশ্র দাবানল অখিল পোড়ায়। অতীত সকল জানে, বৃন্ত ও বাসনা। ক্যানভাস ছিঁড়ে যায়, দিলওয়ালে স্নিগ্ধ বসে থাকে।

## স্বপ্নশ্বাপদ

আমার স্বপ্নে মাঝেমাঝে বেড়াতে আসে একটা চিতাবাঘ। আমি দেখি ওর শব্দহীন হাঁ-মুখ, বিশাল তৃণপ্রান্তরে ও ছোটে। সন্ধ্যার গোলাপি মায়াতেও স্পষ্ট দেখতে পাই ওর আলো হড়কানো সোনালি চামড়া। চারপায়ে ঝড় তুলে ক্রমাগত বদলে দেয় গতির ঠিকানা — ঠিক যেভাবে আমরা পেরিয়ে যেতে চাই অচেনা রাস্তার ধাঁধাঁ। তারপর একটা ছিটকে যাওয়া তীরের মতো, একটা খুলে যাওয়া স্প্রিঙের ঝটকায় একটা প্রকান্ড বাতাসী উড়ান।

আমার ঘুম ভেঙে যায়। ঘামে ভেজা শরীরে উঠে বসি অভ্যাসমতোই, আর শুকনো ঠোঁট চাটতে চাটতে ভাবি আমি কি লাফাতে পারব যা কিছু আমাকে মারে প্রতিদিন সেইসবের বেয়াড়া ঘাড়েতে?

# চৌমাথা থেকে

চৌমাথা থেকে চারটে রাস্তা বেরোয়। অথবা চৌমাথায় এসে মেলে চারটে রাস্তা। তুমি কোন্ রাস্তা দিয়ে আসবে ভাবতে ভাবতে দাঁড়িয়ে থাকি রোদের সরগমে, জ্যোৎস্নার আধুনিকতায়। পাতা উড়ে যায়, মেঘও। অজস্র মানুষ জলতরঙ্গের মতো বাজতে থাকে চারদিকে। তাদের সবার বুকপকেটে, তাদের সবার শাড়ির আঁচলে, তাদের সবার তাপ্পিমারা পাতলুনে , তাদের সবার ছেঁড়া ব্লাউজে একটা করে সুখের অলীক টিকিট রাখা আছে। দোকানগুলো দিনের আলোয় প্রেমিকের মতো আর রাতের হ্যালোজেনে ষড়যন্ত্রকারীর মতো জ্বলন্ত চোখে তাকিয়ে আছে। একই সাথে আমি তাকিয়ে আছি উত্তরে পূবে দক্ষিণে পশ্চিমে। আমার স্নায়ু অনন্তকে ডাকতে ডাকতে ভেঙে ফেলছে পৃথিবীর সমস্ত ঘড়ি। এখন ভাবছি, তুমি কোন্ রাস্তা দিয়ে আসবে তার থেকেও বেশি দরকার কোন্ রাস্তা দিয়ে তুমি চলে যাবে সেটা জেনে রাখা। মাঝের সময়টুকুর জন্য বাকি সব তো সাজানো আছেই...পর পর...

## নেটওয়ার্ক

যা চলে গেছে তা অতীত এ তো আমিও জানতাম। তবু জ্যান্ত থাকা পর্যন্ত বর্তমানকে যেহেতু পাকড়ানো যায় না তাই আগামী ভরসা। ঐ যেমন- বৃষ্টি নামবে, লটারির নম্বরে একদিন বাম্পার মারবে অথবা বছরে পাঁচ লাখ টাকা লেখালেখির রয়্যালটি হবে বস্। ঐ রূপসী গ্যাসবেলুনটা হাতে নিয়ে লাফালাফি। না-ঘর না-ভাত না-গাড়ি না-রঙ না-প্রণাম, এই জীবনের জন্য একটা দোলনা বা চুষিকাঠি ধার দেবেন কেউ? চিঠি পোড়ানো গোপন কান্নাগুলো, রাস্তায় গিলে ফেলা অপমানগুলো, বন্ধুদের দেওয়া ঢপগুলো আর তোমাকে পাঠানো ফাঁকা আকাশগুলো কখনো রূপকথা সাজাবে না; এমন কি রঙিন সানগ্লাস চোখে আটকালেও। মাঝে মাঝে বুঝি, যখন কোথাও এগোনোর থাকে না তখন মানুষের নাম হয় ঐতিহ্য। এদিকে ওদিকে সেদিকে কত অফুরন্ত নেটওয়ার্ক। শুধু আমারই টাওয়ার নেই নাকি? হ্যালো, হ্যালো, ধুস্ শা....

## এই মন্ত্র, এই জপমালা

টিক্ টিক্ ঘড়ি চটকাচ্ছে সময়ের ডানা ...পরিধিস্থ খটকাসমূহ সত্যদার দোকানে মশগুল। এই লপ্তে হতবাক দুইপাশে ছুটে যাচ্ছে সাইরেন এবং স্লোগান । লালে -নীলে-হলুদে-সবুজে লুডোয় এমন কি সাদা -কালো দাবার খুপরিতে ...যত ডাকছি...ওঠো হে , দান দাও মুঠো দাও শস্য দাও ...চুপ। নিঃশব্দ গলির শেষে মাথা ঠুকছি ....জাগো জাগো ...পুনরায় আকাশ ওড়াবো...শীতল ন্যাতানো ইচ্ছামেঘ । তবু হন্যে চোখ জেগে থাকছে...পায়ে পায়ে গর্ভের মিছিলে ...স্তনবতী সময়ের ঘ্রাণে। আমি জানি ...একদিন...যাবতীয় একশ চুয়াল্লিশ ভেঙে চুরে...নেমে আসবে ঝড় ।আপাতত গলা বেয়ে নেমে আসা ঘামের নোনতায়...টিক্ টিক্ ...অনির্বাণ, এসো।

আগস্ট, 2013

এইসব ঝলসানো রোদের দুপুরগুলো কিছুতেই তোমাকে স্থির থাকতে দেয় না। জানলার ফ্রেম কথাটা পুরোনো হ'লেও ওখানেই চিরকাল লেখচিত্র আঁকি। আর তার অক্ষ বেয়ে ডিম মুখে পিঁপড়েরা হেঁটে গেলে বুঝি ভালোবাসা আসবে হয়তো- আজ রাতে অথবা শেষ ট্রেনেরও সময় পেরিয়ে গেলে। আমাদের চশমার কাচ যতটুকু সত্যি বলে, বিনা চশমায় তার থেকে ঢের বেশি কল্পলতা পাই। সেইজন্য রেটিনার সকল ব্যর্থতা ক্ষমা করে দিই আজকাল। রান্নাঘরে, বারান্দায়, বাগানে ও বৈঠকখানায় ভালোবাসার মধ্যে দিয়ে হেঁটে যাওয়ার বর্ষাতি আবিষ্কার হবে একদিন। আপাতত ঝাপসা থাকি নদীকুয়াশার ভোররাতে - রহস্যের অচেনা নৌকায়, বৃন্তহীন পংক্তির মতন।

## ভগবানের সংসার

এখানে কারোর কোনো দায় নেই। দেয়ালে উছলানো আলো অসংখ্য পরিমিতি আরো দৃশ্যমান। ছেঁড়া ফ্রক ছাপফুল স্মৃতিতে ঢেকেছে। হাফপ্যান্টে পেরাইমারি খিচুড়ি কেলাস। দিদিমণি ভ্যানে বসে; তার বর শহুরে চাকর। এইখানে উঠোন নামের যত ত্রৈরাশিক আছে সেই পাটিগণিতের ছায়া। ভগবান শুয়ে আছে, তার বৌ বছরে আবার- সমান্তর প্রগতির ধাঁধা। মেটে কলসি কালো জল গুড়ের চায়ের সাথে লেড়ো। একশ দিনের কোনো সরকারি কাজ এইখানে ঠিকানা বেভুল। পাঁজরের ওঠাপড়া দিনে রাত্রে পরম চেতনা মানে খিদে। আমি কোন্ পথ ঘুরে এখানে দাঁড়াই। আমার চামড়ায় জ্বলন্ত বর্মের মতো এঁটে বসে পিটার ইংল্যান্ড আর একশ মণ ওজন জানাতে থাকে বাটার প্রোডাক্ট। এসবও তো এই ভগবান আমাকেই দান করেছেন..আহা, আমি রোজ মনে রাখি। তবুও চশমার রঙ আমাকে চেনাতে থাকে ভগবান মাহাতোর অজস্র ঠিকানা আর তার বিপুল সংসার...

## ইন্দ্রপ্রস্থ

তারপর, ভোর এসে দাঁড়ালো তোমার ঘরের সামনে। ঘর নয়, ঘর ছিল - অথবা শহরবাসী যাকে শুধু ঝুপড়ি বলে জানে। গতরাতে সব গেছে বৈশ্বানর গ্রাসে। শহরের অগ্নিমান্দ্য ছিল; তাই প্রাত্যহিক যাপনের হাহা সংসারের মলিন ভাষার আয়োজন - গতকাল রাত থেকে স্তব্ধ হয়ে আছে। ভোর এসে বিস্ময়ের চোখ মেলে চেয়ে দেখছে অর্ধদগ্ধ বিছানা ও ঘুম। চেয়ে দেখছে কালোরঙা বাসন, কাপড় আর ছাইভস্ম বাঁশখুঁটি বইখাতাস্বপ্নের দহ। এই ভোরে নতুন দিনের কথা কিছু লেখা নেই। এর পিছনেই এখন মিছিলে আসবে পৌরসভা, রাজনীতি, লঙর ও প্রতিশ্রুতি ভাঙার কাহিনি। রোদের লাইনে সানকি হাতে খাড়া থাকবে সাত, দশ, তিরিশ, সত্তর। এই ভোর জানে, ইন্দ্রপ্রস্থ যদি চাও, খান্ডবদহনও জরুরী।

## অদৃশ্য কালি

চাই না চাই, আজকাল সমস্ত কবিতায় একটা রাস্তা এসে পড়ে। তার শুরুটা আবছা মনে আছে, শেষটা জানা খুব জরুরি না। আমার পিছনে অনেকে হাঁটছে, সামনেও। কিন্তু পাশে কেউ নেই - কেউ না। এই পথটার গন্ধ, ঘাম, ধুলো, জ্বর ও শুশ্রূষা প্রতিদিন বুঝতে হয় আমাকে। এত রহস্য ওর, কোনোদিন মসৃণ দৌড় - কখনো বা ভাঙাচোরা ঠোক্কর। কখনো আমি ক্ষুধার্ত বাঘের মতো তাড়া করি ওকে, কখনো বা ভীরু হরিণের মতো লাফে লাফে নিজেকে বাঁচাই। এই রাস্তার রোদ আর রঙ, মেঘ আর মনখারাপ, প্রেম আর পাপ প্রতিদিন জড়িয়ে রাখে আমাকে। অথবা এগুলোকেই রাস্তা বলে ভুল করি। এপাশে বালিয়াড়ি, ওপাশে টিলা - এদিকে ফুলবাহার, ওদিকে কাঁটাঝোপ ; এইসব কি আদপেই দেখতে দেখতে যাচ্ছি ? এই রাস্তায় কোনো শব্দ নেই। সেগুলো সব আমি মুঠোর ভিতরে রেখেছি। কারণ, শেষ অবধি এছাড়া আর কিছু খরচ করার নেই আমার।

## আকাশের নীচের দিকে

টুকরো-টাকরা রঙ বাঁশি বেলুন ফুলুরি ল্যাবেঞ্চুস নাহয় বাদই দিলাম। এগুলো ছাড়াও বিস্তর শিশুকাল আমি সাঁতরে এসেছি। বৃষ্টির মধ্যে একটা আঁকাবাঁকা পিছল দৌড় আমাকে শিখিয়েছিল কাকে বলে ঝুঁকি ও শ্রাবণ। খাওয়ার পাতের পাশে থুপু দিয়ে বসে থাকা বিড়ালের চোখে দেখেছি দুর্ভিক্ষের বাদামী ছায়া। নকল সার্কাসবৃত্তি আমাদের চিত্রনাট্য লিখে দিচ্ছে প্রতিদিন। যাই বলো, বাধ্যতামূলক ঘুঙুর পায়ে বেঁধে নাচারও একটা নেশা আছে। পুকুরে চার ঝুলিয়ে বসার মতো মৌতাত। সে মাছের ঝোলভাত যতই গল্পগাথা হোক শ্যাওলাদুয়ারে। ছিট ছিট রক্ত লেগে থাকা টিবি রুগীর গামছার মতো একটা স্যানিটোরিয়ামের ভিতর জেগে উঠছি আহীর ভোরে, প্রতিদিন। অথচ, এইমাত্র যে ফুটফুটে শিশুটি সামনে এসে দাঁড়ালো তাকে আমি রোদ্দুর বলেই ডাকতাম। একবার যদি কেউ বুঝিয়ে দিত এটা স্বপ্ন নাকি ভ্রূণশায়ী বাস্তব, তবে আমার আকাশের নীচের দিকেও গড়ে তুলতে পারতাম একটা মানুষঘরের বসত।

## অ্যাকোয়েরিয়াম

মাছগুলো ঘুরছে ফিরছে। নীচে ছড়িয়ে রাখা রঙিন পাথরকুচি। নকল জলজ গাছ। নকল আলো। একটা প্লাস্টিকের কচ্ছপ, তার মুখ থেকে বুদ্বুদ উঠছে ক্রমাগত। পাশে রাখা দামি সোফায় পৃথুলা মহিলা। চোখে রাগী চশমা। মুখে বিরক্তি। ল্যাম্পশেডের আলোয় রুপোলি চুলের আভাস অস্পষ্ট বোঝা গেল। এই লেখাটাকে কবিতা করার জন্য আমি জলভরা কাচের বাক্সটাকে একটা ঝিল বানিয়ে দিই। সোফা সরিয়ে মার্বেল মেঝের বদলে বসিয়ে দিই সবুজ ঘাস। আর ল্যাম্পশেডের বিকল্পে আমদানি করি বিকালের মায়াবী সূর্য। এইবারে মহিলাটির বয়েস পঁচিশ বছর কমিয়ে দিতেই কোঁকড়ানো চুলের একটি তরুণী মৃদু হেসে উঠল আর তার দিকে এগিয়ে এলো একটি যুবক। তার মুখের রেখায় দ্বিধা আর চিরকালের ভরসাহীন ছন্দ।

কখনো কখনো পঁচিশ বছর পিছিয়ে গেলেও কবিতা পাওয়া যায়।

# উপহার

পুরাণকথিত সবই অবিকল্প নয়। বেরঙ জাঙাল থেকে প্রাচীন বকেরা দীর্ঘ ঠোঁটে আলো নিয়ে উড়ে যেতে থাকে। উড়ে যেতে থাকে সব বিশ্বাসের সাদাটে আগুন। স্বপ্নহীন নাভি ও পরিধি কপিশ আঁধারে লিখে রাখে অন্ত্যেবাসী অরণ্যের ভোর। আমাদের প্রিয়তম শরীর ও কাম এই ঘ্রাণ কখনো বোঝেনি। বোঝেনি কিভাবে মেঘের উদ্ধত সীমা রহস্যের নারী হয়ে ওঠে। ঘুমঘুম তোমাকেও দেখেছে শিথিল দেওয়ালেরা। পবিত্র থাকার নেশা ভেঙে একবার জেগে ওঠো। একবার নিজেকে সরাও মায়াছন্দে অনলস দর্পণের দূরে।

জটিল জানালা খুলে ভালোবাসা লিখে বসে আছি। এবারে পুরাণহীন কিছু কথা বলো হে নিবিড়। স্পর্শহীন উপহারে তোমাকে সাজাবো একবার।

# মঞ্চহীন উচ্চারণমালা

~ দোয়াতেরা লুপ্ত হয়ে গেছে

## সংলাপ

### ১

যতটা নিজের বলে ভাবি
মেঘ ঠিক ততখানি প্রিয়ভাষ নয় কোনোদিনই,
ভাসিয়ে আমার পথ
লিখেছে সে যেসব কাহিনি
তার নাম অর্ধেক গোপন।

মেঘদূত কবি জানে,
ভাঙাঘর জানে পান্থজন।

## সংলাপ

## ২

কখনো কখনো দেখি
ধুলো সরালেও ছবি কাঁদে—
অবোধ শিশুর মতো অর্থহীন অশ্রু নামে তুলোট বিকালে।

মন্দিরের যেসব দেওয়ালে
দেখেছো প্রস্তরস্মৃতি
তার কোনো প্রেম আছে নাকি?

পাথরও তো ধুলো হবে—
এইটুকু গল্প লেখা বাকি।

## সংলাপ

### ৩

আকাঙ্খা, তোমারও কিছু প্রসাধন চাই—
আগুনের অবশেষে
নীল ও হলুদ নেই
পড়ে আছে আশ্লেষের ছাই।

ভস্মের গোপনে থাকে
পার্বতীর প্রেম
গঙ্গা শুধু ধুয়ে দিল চোখ—
দৃষ্টি আজ স্তব্ধ থাকো
শরীরটি প্রবাহিত হোক্।

## সংলাপ

## ৪

ততটা প্রতিভা নেই ভেবে
কোনো কোনো তারাবাজি
কি সংকোচে মুখ ঢেকে রাখে।
আমি বলি তাকে — জ্বলো, জ্বলো;
আলো দাও, কিছুটা তো আকাশ ভরাবে।

শোনোনি কি এই সত্য—
বেদপূজ্য বিবস্বানও
একদিন ক্লান্ত নিভে যাবে।

## সংলাপ

### ৫

আয় সন্ধ্যা,
তুই নাকি কবিদের রহস্যের ভাষা—
রাতের শৈশব তুই,
যদি তোকে আড়ালেও ছুঁই;
নষ্ট হয় অনন্ত পিপাসা।

অভিলাষী বৃষ্টি এলো,
বৃষ্টি এলো সাঁঝশ্রাবণের একা ঘরে।

এখন শব্দের কান্না—
ইন্দ্রিয়ের একাকী নগরে।

## সংলাপ

### ৬

আমার সংগ্রহে ছিল
জ্বরতপ্ত শ্বাসে ঘেরা
রোদচুমু হরিণীর গান—
এবং তুমিও জানো,
বটের গভীর ছায়া
লিখেছিল শরীরি বানান।

পরিচিত গলি ও শহর,
এখন শুধুই লেখে
বিজ্ঞাপনে বিজ্ঞাপনে—
তোর বিক্রি হওয়ার খবর।

## সংলাপ

### ৭

যদি জানো
বিশুদ্ধ আনন্দ কিছু নেই—
তবে আর দুঃখ পাও কেন?

অথচ এখনও
শিশুর খিদের মতো
নারীর ঘৃণার মতো
ভয়ংকর বন্যা বেঁচে আছে—
আধছোঁয়া আনাচে কানাচে।

এইবার ধ্যানে বোসো প্রিয়,
পৃথিবী সহজ হলে
আমাকে আবার ডেকে নিও।

## সংলাপ

৮

আহা! এইটুকু বৃষ্টিকথা শোনা;
কানে বাজলো উন্মুখ ত্রিতাল—
এ যদি শ্রবণ বলো,
যদি বলো মগ্ন মোহকাল;
আমার আপত্তি নেই।

তুমি তো কবেই
উড়ে গেছো ঘাসভেজা ভোরে -
কথাটুকু ঝরে যাচ্ছে
ঝরে যাচ্ছে দ্যাখো
শহরের ব্যস্ত মোড়ে মোড়ে।

## সংলাপ

৯

প্রাসাদ নির্জন, তবু
বেজে উঠছে আঁধারের কানে
নুপূরের অলৌকিক ধ্বনি—
হয়তো এমনই
আমিও বিস্তৃত হ'ব
তোর গর্ভে; বিশুদ্ধ শোণিতে।

অযত্ন উদ্যানে সিক্ত অপার্থিব শীতে;
প্রাচীন ভাস্কর্য ভাঙে
চাঁদের আলোর সহবাসে—
কখনো জানিস্ নি তো,
নুপূর কাহাকে ভালোবাসে।

## সংলাপ

## ১০

সংলাপের শেষ হ'লে
দর্শকেরা ছেড়ে যায় আলোআঁধারির গুপ্ত মায়া;
এখানে সেখানে
ছেঁড়া টিকিটের কুচি, সুগন্ধির ছায়া
শিশুদের মতো খেলা করে।

জানি, এরপরে
শুধুমাত্র পরবর্তী নাটকের কথা –
নট নটী, আবহে ও স্বরে
ভেসে যাওয়া করতালি ভেলা।

ক্লান্ত হ'ল বেলা,
তবুও তো অংকে অংকে
নাট্যহীন জীবনেরা তীব্র বয়ে চলে।

সংলাপের শেষ হয়—
সাজঘর একা কথা বলে।

# কৃতজ্ঞতা স্বীকার

শেফালী দাশগুপ্ত

শ্যামল কুমার সেন

মীনা সেন

রাখী ঘোষ

বলাকা দাস

বন্দনা মুখার্জী

সুজন ভট্টাচার্য

এবং

স্বর্গীয় রণজিৎ কুমার দাশগুপ্ত

# কবি রণদেব দাশগুপ্ত

জন্ম ২১শে মে, ১৯৬৫ সাল। পেশায় পদার্থবিদ্যার শিক্ষক। একটি সংস্কৃতিমনস্ক প্রগতিশীল পরিবারে বেড়ে ওঠা। সেই সূত্রে তার কবিতার দৃষ্টি ও মননের পরিসীমা ব্যাপ্ত হয়েছে জীবনপ্রেমের এক মানবিক বহুমাত্রিকতায়। প্রকাশিত কাব্যগ্রন্থ 'কবিতাবেলা শোনো'। বিবিধ লিটল ম্যাগাজিনে নিয়মিত লিখে চলেছেন। ১৯৮৬ সালে রবীন্দ্রনাথের ১২৫তম জন্মবর্ষে পঃবঙ্গ সরকার প্রদত্ত শ্রেষ্ঠ যুবকবির স্বীকৃতি। সাম্প্রতিক সময়ে আমেরিকা ও কানাডা থেকে প্রকাশিত দুটি সাহিত্য সংকলন 'ট্যুইস্ট অফ ফেট' এবং 'হেভেনস্ অ্যাবাভ-পোয়েট্রি বিলোও'-তে ওর ইংরাজি কবিতা স্থান পেয়েছে। আমেরিকার ইনার চাইল্ড প্রেস, লিমিটেড থেকে প্রকাশিত কিরীটী সেনগুপ্তের সংকলন 'দ্য রিসাইটিং পেনস্'-এ তিনজন সমসাময়িক বাঙালি কবির মধ্যে স্থান পেয়েছেন। রণদেবের কবিতার বহুস্বরতা শুধু বিমূর্ত জীবনবন্দনায় সীমায়িত নয়, তার আবেদন মানুষের কাছে, মানুষের হৃদয়ের কাছে।

www.ingramcontent.com/pod-product-compliance
Lightning Source LLC
Chambersburg PA
CBHW050026170726
48282CB00025B/568
* 9 7 8 9 3 8 3 8 8 8 0 3 0 *